Anass Keddo
Bahia Khalil

Système d'information - Cas pratique

Anass Keddo
Bahia Khalil

Système d'information - Cas pratique

Modélisation et développement d'un Système d'Information

Éditions universitaires européennes

Impressum / Mentions légales

Bibliografische Information der Deutschen Nationalbibliothek: Die Deutsche Nationalbibliothek verzeichnet diese Publikation in der Deutschen Nationalbibliografie; detaillierte bibliografische Daten sind im Internet über http://dnb.d-nb.de abrufbar.
Alle in diesem Buch genannten Marken und Produktnamen unterliegen warenzeichen-, marken- oder patentrechtlichem Schutz bzw. sind Warenzeichen oder eingetragene Warenzeichen der jeweiligen Inhaber. Die Wiedergabe von Marken, Produktnamen, Gebrauchsnamen, Handelsnamen, Warenbezeichnungen u.s.w. in diesem Werk berechtigt auch ohne besondere Kennzeichnung nicht zu der Annahme, dass solche Namen im Sinne der Warenzeichen- und Markenschutzgesetzgebung als frei zu betrachten wären und daher von jedermann benutzt werden dürften.

Information bibliographique publiée par la Deutsche Nationalbibliothek: La Deutsche Nationalbibliothek inscrit cette publication à la Deutsche Nationalbibliografie; des données bibliographiques détaillées sont disponibles sur internet à l'adresse http://dnb.d-nb.de.
Toutes marques et noms de produits mentionnés dans ce livre demeurent sous la protection des marques, des marques déposées et des brevets, et sont des marques ou des marques déposées de leurs détenteurs respectifs. L'utilisation des marques, noms de produits, noms communs, noms commerciaux, descriptions de produits, etc, même sans qu'ils soient mentionnés de façon particulière dans ce livre ne signifie en aucune façon que ces noms peuvent être utilisés sans restriction à l'égard de la législation pour la protection des marques et des marques déposées et pourraient donc être utilisés par quiconque.

Coverbild / Photo de couverture: www.ingimage.com

Verlag / Editeur:
Éditions universitaires européennes
ist ein Imprint der / est une marque déposée de
OmniScriptum GmbH & Co. KG
Heinrich-Böcking-Str. 6-8, 66121 Saarbrücken, Deutschland / Allemagne
Email: info@editions-ue.com

Herstellung: siehe letzte Seite /
Impression: voir la dernière page
ISBN: 978-3-8417-8610-4

Copyright / Droit d'auteur © 2014 OmniScriptum GmbH & Co. KG
Alle Rechte vorbehalten. / Tous droits réservés. Saarbrücken 2014

DEDICACE

Nous profitons de cette honorable occasion pour dédier ce modeste travail à toutes les personnes qui ont contribués à sa réalisation ainsi qu'à l'équipe de la société « *FILAS* » qui ont veillés à ce que notre projet se passe dans de bonnes conditions.

Nous dédions spécialement ce rapport à nos parents qui nous ont soutenus, moralement et financièrement, pendant cette période.

Nous aimerions encore dédier ce rapport à nos frères et camarades de classe pour leurs apports ainsi qu'à tous les professeurs qui nous ont soutenus tout au long de notre formation.

Enfin, nous dédions ce travail à tous les cadres de l'Ecole Marocaine des Sciences de l'Ingénieur qui veillent sur le bon déroulement des cours.

Table des Matières

Introduction..3

Chapitre I   Le Cadre du travail

I.1 PRÉSENTATION DE LA COMPAGNIE..4
I.2 RESSOURCES HUMAINES..4
I.3 ORGANIGRAMME DE FILAS 5

Chapitre II   Gestion de projet

II.1 DÉCOUPAGES NORMALISÉS...6
II.2 PLANIFICATION DES TACHES...7

Chapitre III   Etude des besoins

III.1 LES RÈGLES DE GESTION..9
III.2 DEFINITION DES OBJECTIFS..13

Chapitre IV   Etude de l'existant

IV.1 DESCRIPTION DE L'APPLICATION EXISTANTE...15
IV.2 QUELQUES REMARQUES SUR L'APPLICATION ACTUELLE...15
IV.3 SOLUTIONS PROPOSÉES..15

Chapitre V   Analyse & Conception

V.1 PRÉSENTATION D'UML ET DE LA METHODE RUP...16
V.2 LES DIFFERENTES ITERATIONS..22
V.3 DIAGRAMMES D'UML UTILISÉS..23
V.4 DESCRIPTION DES SCENARIOS DES CAS D'UTILISATION..23
V.5 DESCRIPTION DETAILLEE DE QUELQUES SCENARIOS...29

Chapitre VI   Réalisation

VI.1 OUTILS..53
VI.2 ARCHITECTURE MATERIELLE...57
VI.3 ARCHITECTURE LOGICIELLE..58
VI.4 LES CAPTURES D'ECRAN..61

Conclusion   74

Glossaire   75

Bibliographie   76
Webographie

INTRODUCTION

Avec ces temps révolus, Une industrie sans un vrai système d'information est une industrie vouée à l'échec, c'est pour cela qu'il ne suffit pas d'avoir un logiciel qui servira pour la prise de commande et la facturation, mais cela va au-delà de tout ceci.

Intégrer l'ensemble des activités de l'entreprise et offrir aux décideurs un outil qui leur permettra de se projeter à l'avenir est le but de tout système d'information fiable.

Prise de commande client, gestion de stocks, déclenchement des réapprovisionnements vis-à-vis des fournisseurs, affichage d'analyse et prévisions pour l'aide à la décision, suivi de production en temps réel et bien d'autres outils nécessaires au bon fonctionnement d'une entreprise qui veut optimiser son temps, ses coûts, fidéliser ses clients et plus encore.

La gestion du changement, l'organisation de l'entreprise et la compréhension des enjeux métiers, prennent de plus en plus de poids au sein de la société « FILAS ».

Notre formation Master MBDS (Multimédia interactif Bases de Données et intégration de Systèmes) option STIC (Sciences et Technologies de l'Information et de la Communication), nous a permis de nous adapter au sein de l'entreprise.

C'est ainsi que la société « FILAS » nous a confié, la conception et la réalisation d'un système d'information complet qui remplacera progressivement son application monoposte.

L'élaboration de ce projet, comme nous le détaillerons par la suite, s'étalera sur une grande période, compte tenu de l'analyse, la conception et la réalisation pour atteindre notre objectif.

Thème du mémoire :

Pour assurer une bonne gestion de projet, il est nécessaire de bien définir les objectifs et les moyens requis pour son exécution ainsi que l'identification des problèmes éventuels qui pourraient le retarder.

Une fois que le projet est bien défini, son avancement doit être suivi de prés d'où la nécessité d'une bonne gestion de conduite de projet.

L'objectif de notre projet sera la conception et la réalisation d'un système d'information intégrant les différentes fonctions de l'entreprise. Ce projet devrait permettre à l'entreprise de disposer d'un système qui répond à ses besoins et d'améliorer de façon significative sa gestion interne et externe.

I.1 Présentation de la compagnie :

Filas SARL est une industrie qui a comme activités principales :

- Fabrication de formes de chaussures en plastique
- Fabrication de lames de scies pour bois et métal.
- Transformation d'abrasifs pour tout genre d'industries.
- Divers produits pour quincaillerie

Fondée en 1984, cette entreprise a comme capital 3 000 000 DH et emploi plus de 60 personnes. En Expansion continue, ses centres d'intérêt ne sont pas juste porté vers le marché national mais aussi vers l'international comme l'Allemagne, la Syrie, l'Egypte, le Sénégal, la Jordanie, le Brésil... etc.

I.2 Ressources humaines :

Les Chiffres clés :

- Service Administratif : 10 personnes.
- Service de Forme : 20 personnes.
- Service de Lame : 4 personnes.
- Service d'Abrasif : 8 personnes.
- Service Magasin : 4 personnes.
- Service Commercial : 5 personnes.
- Service Entretien : 4 personnes.
- Service Qualité : 2 personnes.
- Autres : 3 personnes.

I.3 Organigramme de Filas :

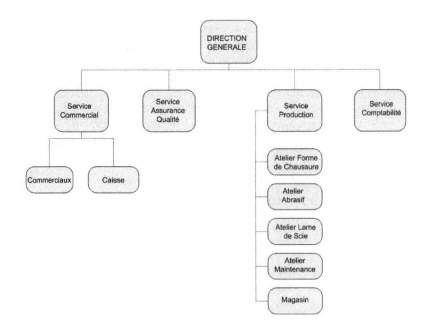

« Organigramme de Filas

II.1 Les Découpages Normalisés:

Work Breakdown Structure

WBS signifie "Work Breakdown Structure". C'est un schéma qui représente les flux de travaux à réaliser au cours d'un projet. La WBS (Work Breakdown Structure) est la structure hiérarchique des tâches du projet.

La conception de la WBS passe par l'établissement d'une liste des résultats de travail (livrables) les plus importants du projet. (Dans le cadre d'un produit, nous parlons de Product Tree ou découpage produit afin de lister tous les sous-ensembles du produit).

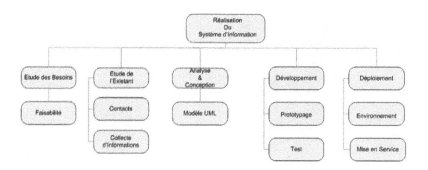

« Diagramme de WBS »

II.2 Planification des Tâches:

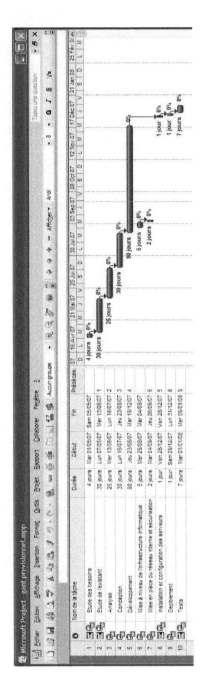

« *Planning Prévisionnel de GANT* »

7

« Planning Réel de GANT »

III.1 Les Règles de Gestion :

Pour pouvoir définir les différentes règles de gestion, nous avons procédé à des rencontres et des réunions avec les différents opérateurs et cadres de la société et nous avons établis les règles suivantes :

- R1 : Un client peut avoir plusieurs devis.
- R2 : Un devis client concerne un et un seul client.
- R3 : Un client peut avoir plusieurs commandes.
- R4 : Une commande concerne un et un seul client.
- R5 : Un client peut avoir plusieurs comptes bancaires.
- R6 : Un compte bancaire concerne un et un seul client.
- R7 : Un client peut avoir plusieurs rubriques et pour une rubrique au moins une seule activité.
- R8 : Une forme de chaussure peut avoir plusieurs références
- R9 : Une référence concerne plusieurs formes de chaussure.
- R10 : Un abrasif appartient à plusieurs domaines.
- R11 : Un domaine peut contenir plusieurs abrasifs.
- R12 : Un abrasif concerne un ou plusieurs rouleaux jumbo
- R13 : Un rouleau jumbo appartient à un et un seul abrasif.
- R14 : Un rouleau jumbo peut induire plusieurs rouleaux fils.
- R15 : Un rouleau jumbo fils appartient à un et un seul rouleau jumbo père.
- R16 : Un rouleau jumbo peut induire plusieurs bandes abrasives.
- R17 : Une bande abrasive appartient à un et un seul rouleau jumbo.
- R18 : Un abrasif pour une date donnée à un et un seul prix chute.
- R19 : Une bande abrasive pour une date donnée à un et un seul prix jointage.
- R20 : Une lame concerne un ou plusieurs feuillards.
- R21 : Un feuillard appartient à une et une seule lame.
- R22 : Un feuillard peut induire plusieurs feuillards fils.
- R23 : Un feuillard fils appartient à un et un seul feuillard père.
- R24 : Un feuillard peut induire plusieurs rubans.
- R25 : Un ruban appartient à un et un seul feuillard.
- R26 : Un ruban peut induire plusieurs rubans fils.
- R27 : Un ruban fils appartient à un et un seul ruban père.
- R28 : Un feuillard peut induire plusieurs lames affutées.
- R29 : Une lame affutée appartient à un et un seul feuillard.
- R30 : Un ruban peut induire plusieurs lames denturées.
- R31 : Une lame denturée appartient à un et un seul ruban.
- R32 : Une lame affutée pour une date donnée à un et un seul prix affutage.

- R33 : Une lame denturée peut avoir une et une seule soudure.
- R34 : Une soudure concerne plusieurs lames denturées.
- R35 : Une lame affutée peut avoir une et une seule soudure.
- R36 : Une soudure concerne plusieurs lames affutées.
- R37 : Un produit pour une date donnée à un et un seul prix vente.
- R38 : Une ligne devis client concerne un et un seul produit.
- R39 : Un produit peut appartenir à plusieurs lignes devis client.
- R40 : Une ligne commande interne concerne un et un seul produit.
- R41 : Un produit peut appartenir à plusieurs lignes commande interne.
- R42 : Une ligne devis fournisseur concerne un et un seul produit.
- R43 : Un produit peut appartenir à plusieurs lignes devis fournisseur.
- R44 : Une ligne réapprovisionnement concerne un et un seul produit.
- R45 : Un produit peut appartenir à plusieurs lignes réapprovisionnement.
- R46 : Un client pour un produit dans une date donnée peut avoir au plus une seul remise produit.
- R47 : Un client pour un secteur dans une date donnée peut avoir au plus une seule remise secteur.
- R48 : Un représentant pour un client pour un produit divers dans une date donnée peut avoir au plus une seule commission divers.
- R49 : Un représentant pour un client pour un secteur dans une date donnée peut avoir au plus une seule commission secteur.
- R50 : Un produit pour un fournisseur dans une date donnée peut avoir au plus une seule remise fournisseur.
- R51 : Un produit pour un fournisseur dans une date donnée à un et un seul prix achat.
- R52 : Une rubrique contient au moins une activité.
- R53 : Une activité appartient au moins à une rubrique.
- R54 : Un fournisseur peut avoir plusieurs réapprovisionnements.
- R55 : Un réapprovisionnement concerne un et un seul fournisseur.
- R56 : Un fournisseur peut avoir plusieurs devis.
- R57 : Un devis fournisseur concerne un et un seul fournisseur.
- R58 : Un fournisseur peut avoir plusieurs rubriques et pour une rubrique au moins une activité.
- R59 : Un fournisseur peut avoir plusieurs comptes bancaires.
- R60 : Un compte bancaire concerne un et un seul fournisseur.
- R61 : Un devis client contient au moins une ligne de devis.
- R62 : Une ligne devis client appartient à un et un seul devis client.
- R63 : A partir d'un devis client on peut passer plusieurs commandes internes.
- R64 : Une commande interne peut être créée à partir d'un devis client.
- R65 : Une commande contient au moins une commande interne.

- R66 : Une commande interne appartient à une et une seule commande.
- R67 : Une commande interne a au moins une livraison client.
- R68 : Une livraison client concerne une et une seule commande interne.
- R69 : Une commande interne a une et une seule facture client.
- R70 : Une facture client concerne une et une seule commande interne.
- R71 : Une commande interne contient au moins une ligne de commande interne.
- R72 : Une ligne commande interne appartient à une et une seule commande interne.
- R73 : Une commande interne peut avoir au plus un lancement.
- R74 : Un lancement concerne une et une seule commande interne.
- R75 : Une facture client contient au moins une ligne de facture client.
- R76 : Une ligne facture client appartient à une et une seule facture client.
- R77 : Une facture client peut avoir au plus un contentieux.
- R78 : Un contentieux concerne une et une seule facture client.
- R79 : Une facture client peut avoir plusieurs retours marchandise client.
- R80 : Un retour marchandise client concerne une et une seule facture client.
- R81 : Une facture client peut avoir plusieurs paiements.
- R82 : Un paiement concerne au moins une facture client.
- R83 : Une livraison client contient au moins une ligne de livraison client.
- R84 : Une ligne livraison client appartient à une et une seule livraison client.
- R85 : Un transporteur a au moins une livraison client.
- R86 : Une livraison client concerne un et un seul transporteur.
- R87 : Un transporteur peut avoir plusieurs comptes bancaires.
- R88 : Un compte bancaire concerne un et un seul transporteur.
- R89 : Un lancement contient au moins une ligne de lancement.
- R90 : Une ligne lancement appartient à un et un seul lancement.
- R91 : Un retour marchandise client contient au moins une ligne de retour marchandise client.
- R92 : Une ligne retour marchandise client appartient à un et un seul retour client.
- R93 : Un avoir client contient au moins une ligne avoir client.
- R94 : Une ligne avoir client appartient à un et un seul avoir client.
- R95 : Un retour marchandise client peut avoir au plus un lancement.
- R96 : Un lancement concerne un et un seul retour marchandise client.
- R97 : Un retour marchandise client a un et un seul avoir client.
- R98 : Un avoir client concerne un et un seul retour marchandise client.
- R99 : Un réapprovisionnement contient au moins une ligne réapprovisionnement.

- R100 : Une ligne réapprovisionnement appartient à un et un seul réapprovisionnement.
- R101 : Un devis fournisseur contient au moins une ligne devis fournisseur.
- R102 : Une ligne devis fournisseur appartient à un et un seul devis fournisseur.
- R103 : Une facture fournisseur contient au moins une ligne facture fournisseur.
- R104 : Une ligne facture fournisseur appartient à une et une seule facture fournisseur.
- R105 : Un retour marchandise fournisseur contient au moins une ligne retour marchandise fournisseur.
- R106 : Une ligne retour marchandise fournisseur appartient à un et un seul retour marchandise fournisseur.
- R107 : Un avoir fournisseur contient au moins une ligne avoir fournisseur.
- R108 : Une ligne avoir fournisseur appartient à un et un seul avoir fournisseur.
- R109 : Une livraison fournisseur contient au moins une ligne livraison fournisseur.
- R110 : Une ligne livraison fournisseur appartient à une et une seule livraison fournisseur.
- R111 : Un réapprovisionnement a au moins une livraison fournisseur.
- R112 : Une livraison fournisseur concerne un et un seul réapprovisionnement.
- R113 : Un réapprovisionnement a une et une seule facture fournisseur.
- R114 : Une facture fournisseur concerne un et un seul réapprovisionnement.
- R115 : Une facture fournisseur peut avoir plusieurs retours marchandise fournisseur.
- R116 : Un retour marchandise fournisseur concerne une et une seule facture fournisseur.
- R117 : Un retour marchandise fournisseur a un et un seul avoir fournisseur.
- R118 : Un avoir fournisseur concerne un et un seul retour marchandise fournisseur.
- R119 : Une facture fournisseur peut avoir plusieurs paiements.
- R120 : Un paiement concerne au moins une facture fournisseur.
- R121 : Un transporteur a au moins une livraison fournisseur.
- R122 : Une livraison fournisseur concerne un et un seul transporteur.

- R123 : A partir d'un compte bancaire on peut effectuer plusieurs paiements.
- R124 : Un paiement est effectué à partir d'un et un seul compte bancaire.

III.2 Définition des objectifs :

Pour l'analyse et la conception du système, on a opté pour la méthode RUP qui est une Méthode itérative et incrémentale.

Le premier travail était de définir les acteurs du système, ce qui a été fait suite à un entretien avec le chef du département des systèmes d'information. Après ce travail on a fait plusieurs entretiens avec les différents Acteurs du système et on a pu déterminer pour chaque utilisateur la manière dont il utilise le système, ce qui nous a permis d'établir le diagramme d'utilisation global suivant :

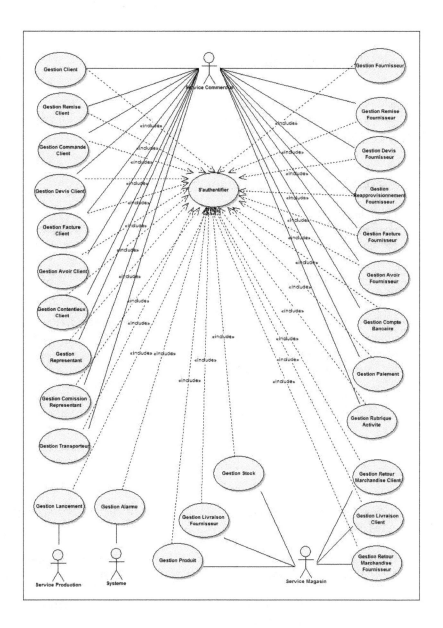

« Diagramme des Uses Cases »

14

IV.1 Description de l'application existante :

L'application qu'utilise la société « Filas » depuis plus de 7 ans est une application de gestion commerciale (prise de commande et facturation). Elle utilise le système de fichiers pour la conservation de données.

IV.2 Inconvénients de l'application actuelle :

✓ Le premier problème rencontré est que l'application est Monoposte ce qui ne permet pas une interaction entre les différents services ni à différentes personne de travailler sur l'application en même temps.

✓ Le deuxième problème est que l'application ne s'occupe pas de la gestion de stocks ni de la gestion humaine.

✓ L'absence totale de contrôles implique automatiquement des erreurs journalières qui nuisent au bon fonctionnement de l'entreprise (le même client qui peut être crée 2 fois, erreur au niveau du prix puisqu'il est saisi par l'opérateur à chaque fois… etc.)

✓ Absence de sécurité d'accès à l'application (chaque personne qui peut accéder à l'ordinateur peut avoir accès au données, modifier, supprimer… etc.)

IV.3 Alternatives proposées :

✓ Refaire l'analyse et la conception du système en utilisant la méthode RUP et le langage de modélisation UML.

✓ Utiliser un SGBD au lieu du système de fichiers pour pouvoir centraliser les données sur un même serveur pour un accès multiposte.

✓ Mettre une place une sécurité d'accès basée sur le cryptage, les mots de passe et le filtrage par adresse IP.

✓ Intégrer toutes les fonctions de l'entreprise dans un seul Système d'information pour éviter les redondances, les erreurs

✓ Utilisation de client léger (Navigateur web) et serveur lourd pour permettre l'accès à distance.

✓ Prévoir une stratégie de sauvegarde et de restauration des données.

V.1 Présentation d'UML et de la méthode RUP

UML :

Depuis quelque temps déjà, le besoin d'un langage visuel uniforme et cohérent pour exprimer les résultats des méthodes orientées objet encore en usage dans les années 1990 était devenu évident.

Au cours de la même période, Grady Booch mettait au point la méthode Booch[9] , tandis que James Rumbaugh élaborait , au centre de recherche et de développement de General Electric, la méthode OMT (Object Modeling Technique) [10] ; lorsque ce dernier rejoignit Rational en 1994 , tous deux s'engagèrent , en association avec des clients de Rational , dans un processus d'unification de leurs méthodes .La Version 0.8 de la Méthode Unifiée (Unified Methode 0.8) sortit en octobre 1995 , à l'époque ou Ivar Jacobson intégrait à son tour Rational .
Cette collaboration à trois donna naissance à la version 0.9 d'UML (Unified Modeling Language). D'autres spécialistes des méthodes furent bientôt mis à contribution, ainsi que plusieurs sociétés, telle qu'IBM, HP et Microsoft, qui participèrent à l'émergence de ce standard. En novembre 1997, à l'issue du processus de standardisation, la version 1.1 d'UML fut adoptée comme standard par l'OMG (Object Management Group).

RUP :

Un peu d'histoire...
En 1995, Jacobson, Rumbaugh et Booch ont pu converger vers une même méthodologie intégrant UML (Unified Modeling Language) 0.8. Cette méthodologie a subi quelques évolutions en 1996 en intégrant UML 1.0 pour donner Rational Objectory Process. Grâce aux travaux de l'OMG (Object Management Groupe) et de Rational, entre autres, une unification s'est effectuée en 97 avec l'Unified Process (UP) qui devient un standard méthodologique.

Rational fait de nouveau une proposition en 1998 en créant le RUP (Rational Unified Process), une déclinaison d'UP. RUP est un produit commercial (version commerciale d'up) élaboré et commercialisé par la société Rational Software (cette dernière a été achetée par IBM). Il se présente sous forme d'un guide méthodologique au format HTML, couplé à une base de connaissances et capable de s'interfacer avec divers outils d'expression des besoins, de modélisation UML, d'automatisation des tests, de gestion de configuration, de production de documents, de gestion de projet, etc.

Le Processus unifié en bref :

Le processus unifié est un processus de développement logiciel, c'est-à-dire qu'il regroupe les activités à mener pour transformer les besoins d'un utilisateur en système logiciel.

La structure du processus de développement :

UP structure le processus de développement selon deux axes. La figure suivante illustre l'architecture Bidirectionnelle de UP.

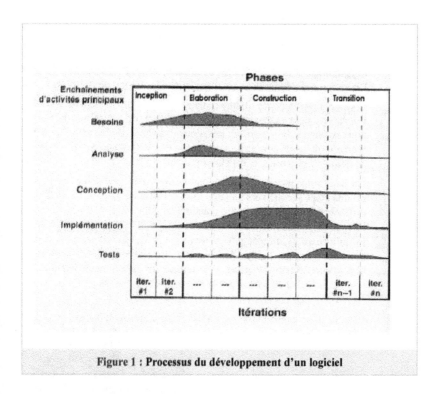

Figure 1 : Processus du développement d'un logiciel

L'axe horizontal de cette architecture représente le **cycle de vie** de UP. Il est composé des **phases** (temporelles) du projet. Chaque phase est encore divisée en plusieurs itérations.

L'axe vertical de l'architecture bidirectionnelle (voir figure ci dessus) représente le **flux de travaux** de UP. Le flux de travaux est parcouru à chaque itération. Il est composé des **activités** suivantes :

Étude des besoins

❖ **Expression des besoins :**

Le principal objectif de l'expression des besoins est l'élaboration d'un model du système à construire. L'emploi des cas d'utilisation constitue un excellent moyen de procéder à la création de ce modèle.

Analyse

❖ **Analyse :**

L'enchaînement d'activités de l'analyse se consacre à l'analyse des besoins décrits dans l'expression des besoins, en les affinant et en les structurant.

L'objectif est d'accéder à une description facile à entretenir, favorisant la structuration de l'ensemble du système.

Conception

❖ **Conception :**

Spécifier comment les fonctionnalités, qui sont décrites dans le modèle d'analyse, pourront être implémentées. Tandis que le modèle d'analyse décrit les problèmes, le modèle de conception (design model) présente les solutions.

Implémentation

❖ **Implémentation :**

L'implémentation part des résultats de la conception pour implémenter le système sous forme de composants, c'est-à-dire de code source, de scripts, de binaires, d'exécutables et d'autres éléments du même type.

Tests

❖ **Tests :**

Vérifier si le système fonctionne sans erreurs et s'il satisfait les besoins des utilisateurs.

Les itérations :

Le développement d'un produit logiciel destiné à la commercialisation est une vaste entreprise qui peut s'étendre sur plusieurs mois voire sur une année ou plus, donc il est très utile de découper le travail en plusieurs parties qui sont autant de mini projets, chacun d'entre eux représente une itération qui donne lieu à un incrément (stade de développement du produit).

A chaque itération, les développeurs identifient et spécifient les cas d'utilisation pertinents, créent une conception et implémentent cette conception sous forme de composants et vérifient que ceux-ci sont conformes aux cas d'utilisation. Dès qu'une itération répond aux objectifs qui lui sont fixés, le développement peut passer à l'itération suivante. Si une itération n'atteint pas ses objectifs, les développeurs doivent réétudier les décisions prises et tenter d'adopter une nouvelle approche.

Le traitement des itérations se fait par ordre de risque (du risque le plus élevé vers le risque le moins élevé).

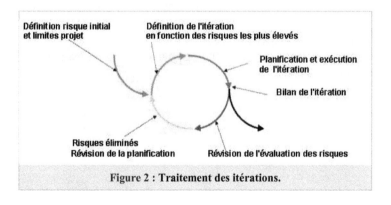

Figure 2 : Traitement des itérations.

Les phases du Processus Unifié :

Nous distinguons 4 phases dans le processus unifié :

- **Phase 1** : initialisation ou création
- **Phase 2** : élaboration
- **Phase 3** : construction
- **Phase 4** : transition

➢ **Initialisation**

La phase d'initialisation conduit à définir la " vision " du projet, sa portée et sa faisabilité afin de pouvoir décider au mieux de sa poursuite ou de son arrêt.

➢ **Elaboration :**

La phase d'élaboration consiste à identifier et décrire la majeure partie des besoins des utilisateurs (acteurs + use case) et à lever les risques du système (commencer par les uses cases les plus importants par priorité de risque).

➢ **Construction :**

Cette phase est caractérisée par une forte conception et implémentation.

➢ **Transition :**

L'objectif de cette phase est de faire passer le système informatique des mains des développeurs à celles des utilisateurs finaux.

V.2 les differentes Itérations :

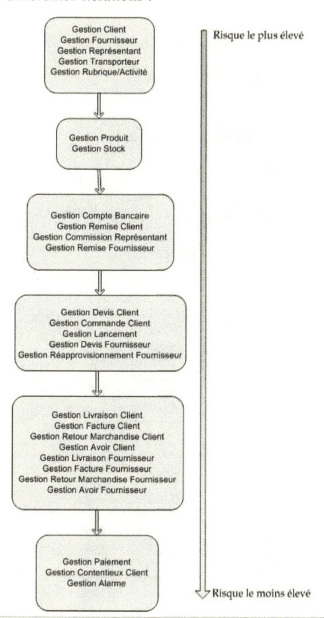

V.3 Diagrammes d'UML utilisés :

Pour notre projet on a utilisé les diagrammes suivants :

✓ Diagramme de cas d'utilisation : diagramme montrant un ensemble de cas d'utilisation et d'acteurs, ainsi que leurs relations.

✓ Diagramme de séquence : diagramme d'interaction mettant l'accent sur l'ordonnancement temporel des messages.

✓ Diagramme de classes : diagramme montrant un ensemble de classes, ainsi que les relations les unissant.

V.4 Description des scénarios des cas d'utilisation :

Acteur : Service Commercial

Uses Cases	Scénarios
Gestion client	- Ajouter client - Modifier client - Supprimer client - Consulter client
Gestion remise client	- Ajouter remise client - Modifier remise client - Supprimer remise client - Consulter remise client
Gestion devis client	- Ajouter devis client - Modifier devis client - Consulter devis client
Gestion commande client	- Ajouter commande client - Modifier commande client - Modifier état commande client - Consulter commande client
Gestion facture client	- Ajouter facture client - Consulter facture client
Gestion contentieux client	- Ajouter contentieux client - Modifier état contentieux client

	- Consulter contentieux client
Gestion avoir client	- Ajouter avoir client - Annuler avoir client - Consulter avoir client
Gestion représentant	- Ajouter représentant - Modifier représentant - Supprimer représentant - Consulter représentant
Gestion commission représentant	- Ajouter commission représentant - Modifier commission représentant - Supprimer commission représentant - Consulter commission représentant
Gestion fournisseur	- Ajouter fournisseur - Modifier fournisseur - Supprimer fournisseur - Consulter fournisseur
Gestion remise fournisseur	- Ajouter remise fournisseur - Modifier remise fournisseur - Supprimer remise fournisseur - Consulter remise fournisseur
Gestion devis fournisseur	- Ajouter devis fournisseur - Modifier devis fournisseur - Consulter devis fournisseur
Gestion réapprovisionnement fournisseur	- Ajouter réapprovisionnement fournisseur - Modifier réapprovisionnement fournisseur - Modifier état réapprovisionnement fournisseur - Consulter réapprovisionnement fournisseur
Gestion facture fournisseur	- Ajouter facture fournisseur - Supprimer facture fournisseur - Consulter facture fournisseur
Gestion avoir fournisseur	- Ajouter avoir fournisseur - Supprimer avoir fournisseur - Consulter avoir fournisseur
Gestion rubrique activité	- Ajouter rubrique - Ajouter activité - Supprimer rubrique - Supprimer activité - Modifier rubrique

	- Modifier activité - Consulter rubrique - Consulter activité - Affecter rubrique au client - Affecter activité au client - Supprimer rubrique du client - Supprimer activité du client - Consulter rubrique du client - Consulter activité du client - Affecter rubrique au fournisseur - Affecter activité au fournisseur - Supprimer rubrique du fournisseur - Supprimer activité du fournisseur - Consulter rubrique du fournisseur - Consulter activité du fournisseur
Gestion compte bancaire	- Ajouter compte client - Modifier compte client - Supprimer compte client - Consulter compte client - Ajouter compte fournisseur - Modifier compte fournisseur - Supprimer compte fournisseur - Consulter compte fournisseur - Ajouter compte transporteur - Modifier compte transporteur - Supprimer compte transporteur - Consulter compte transporteur
Gestion paiement	- Ajouter paiement client - Modifier paiement client - Supprimer paiement client - Consulter paiement client - Ajouter paiement fournisseur - Modifier paiement fournisseur - Supprimer paiement fournisseur - Consulter paiement fournisseur
Gestion transporteur	- Ajouter transporteur - Modifier transporteur - Supprimer transporteur - Consulter transporteur

Acteur : Service Magasin

Gestion retour marchandise client	- Ajouter retour marchandise client - Modifier retour marchandise client - Annuler retour marchandise client - Consulter retour marchandise client
Gestion livraison client	- Ajouter livraison client - Modifier livraison client - Modifier état livraison client - Consulter livraison client
Gestion retour marchandise fournisseur	- Ajouter retour marchandise fournisseur - Modifier retour marchandise fournisseur - Annuler retour marchandise fournisseur - Consulter retour marchandise fournisseur
Gestion livraison fournisseur	- Ajouter livraison fournisseur - Modifier livraison fournisseur - Consulter livraison fournisseur
Gestion produit	- Ajouter forme - Ajouter référence - Modifier prix vente forme - Consulter forme - Consulter référence - Supprimer forme - Supprimer référence - Ajouter abrasive - Ajouter domaine - Modifier prix achat abrasive - Modifier prix chute abrasive - Supprimer abrasive - Supprimer domaine - Consulter abrasive - Consulter domaine - Ajouter rouleau jumbo - Supprimer rouleau jumbo - Consulter rouleau jumbo - Ajouter bande abrasive - Supprimer bande abrasive - Consulter bande abrasive - Ajouter lame

	- Modifier prix achat lame - Supprimer lame - Consulter lame - Ajouter feuillard - Supprimer feuillard - Consulter feuillard - Ajouter ruban - Supprimer ruban - Consulter ruban - Ajouter lame denturée - Supprimer lame denturée - Consulter lame denturée - Ajouter lame affutée - Modifier prix affutage lame affutée - Supprimer lame affutée - Consulter lame affutée - Ajouter soudure - Supprimer soudure - Consulter soudure - Ajouter divers - Modifier prix vente divers - Modifier prix achat divers - Supprimer divers - Consulter divers
Gestion stock	- Entrer forme - Sortir forme - Entrer divers - Sortir divers - Entrer abrasive - Sortir abrasive - Entrer rouleau jumbo - Sortir rouleau jumbo - Entrer bande abrasive - Sortir bande abrasive - Entrer lame - Sortir lame - Entrer feuillard - Sortir feuillard - Entrer ruban - Sortir ruban - Entrer lame affutée

	- Sortir lame affutée
	- Entrer lame denturée
	- Sortir lame denturée

Gestion lancement	- Ajouter lancement
	- Modifier lancement
	- Modifier état lancement
	- Consulter lancement

Gestion alarme	- Date livraison
	- Echéance facture client
	- Encaissement client
	- Seuil produit

V.5 Description détaillée de quelques scénarios :

Nom : Ajouter client.
Responsabilité : Créer un nouveau client
Référence : cas d'utilisation (gestion client).
Pré conditions:

✓ Le client ne doit pas exister

Post conditions :

✓ Le client est crée.

Les exceptions : Si le client existe, on redirige l'utilisateur vers le formulaire de saisie avec un message d'erreur.

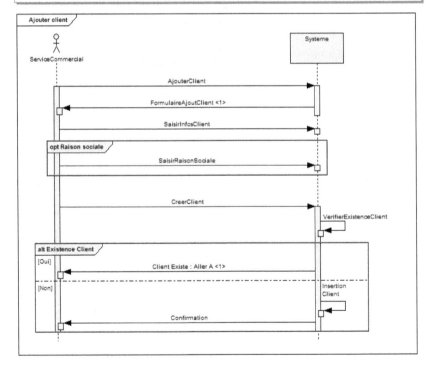

« Diagramme de séquence système Ajouter client »

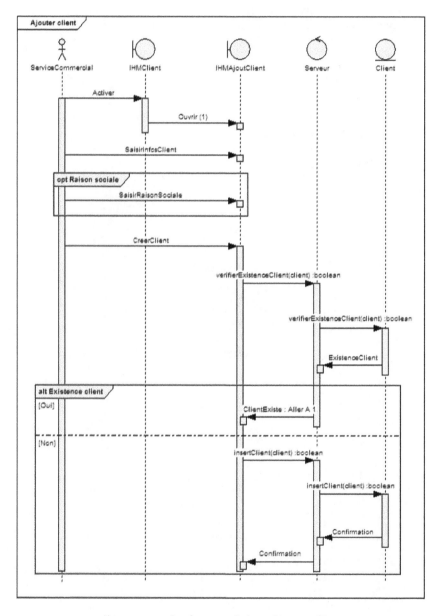

« Diagramme de séquence 3 tiers Ajouter client »

30

Nom : Consulter client.

Responsabilité : Afficher les informations détaillées d'un client.

Référence : cas d'utilisation (gestion client).

Pré conditions:

    ✓ Le client doit exister

Post conditions :

    ✓ Le client recherché est affiché.

Les exceptions : aucune

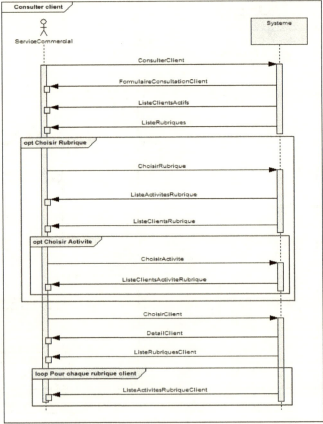

« Diagramme de séquence système Consulter client »

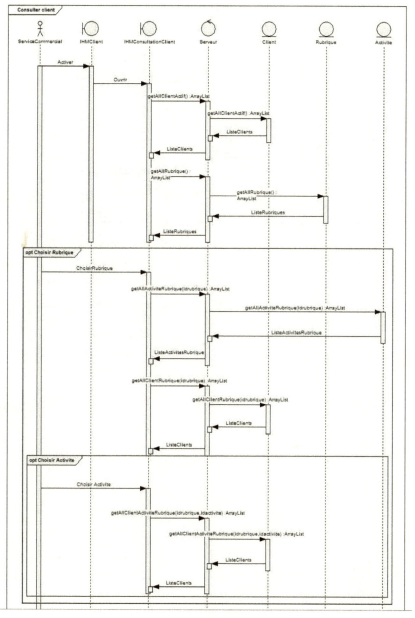

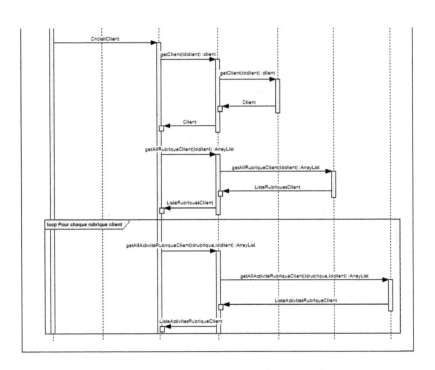

« Diagramme de séquence 3 tiers Consulter client »

Nom : Modifier client.
Responsabilité : Modifier les différentes informations d'un client.
Référence : cas d'utilisation (gestion client).
Pré conditions:

- ✓ Le client doit exister

Post conditions :

- ✓ Le client est modifié.

Les exceptions : Si on essaye de changer une information sensible, une autorisation spéciale est demandée à l'administrateur avant d'accorder le droit de changer l'information.

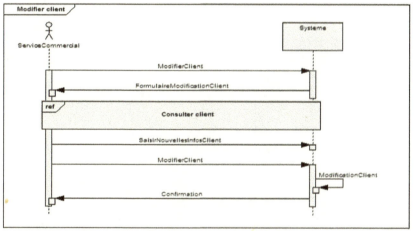

« Diagramme de séquence système Modifier client »

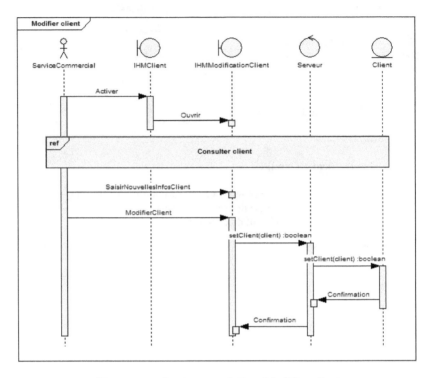

« Diagramme de séquence 3 tiers Modifier client »

Nom : Supprimer client.
Responsabilité : Supprimer un client.
Référence : cas d'utilisation (gestion client).
Pré conditions:

    ✓ Le client doit exister

Post conditions :

    ✓ Le client est supprimé s'il n'a émis aucune commande ou aucun devis, sinon son état est changé en « inactif » pour garder une trace de son historique sans autant le supprimer du système.

Les exceptions : Aucune.

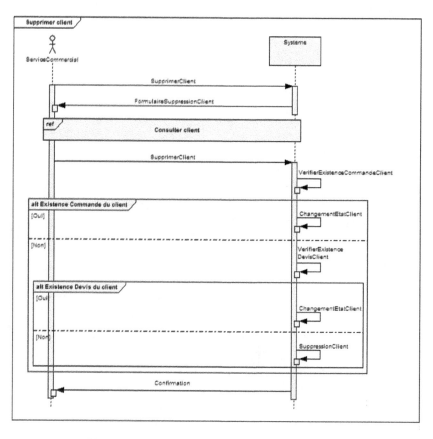

« Diagramme de séquence système Supprimer client »

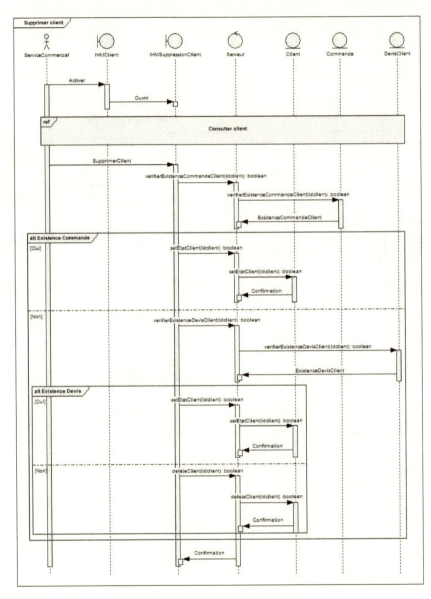

« Diagramme de séquence 3 tiers Supprimer client »

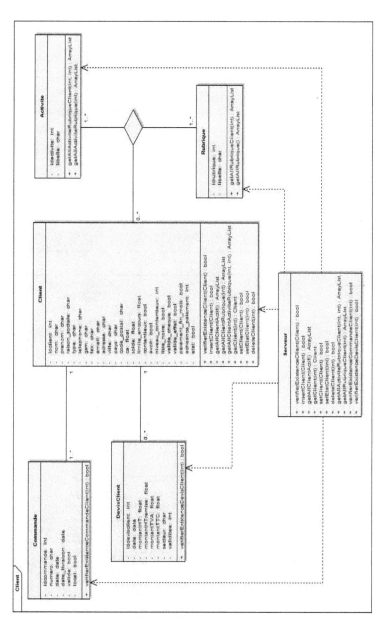

« Diagramme de classe gestion client »

Nom : Ajouter commande client.
Responsabilité : Ajouter une nouvelle commande pour un client.
Référence : cas d'utilisation (gestion commande client).
Pré conditions:

- ✓ Le client doit exister
- ✓ Le client ne doit pas être sur la liste noire
- ✓ Le client ne doit pas avoir un niveau de contentieux dépassant le niveau de confiance.

Post conditions :

- ✓ La commande est créée
- ✓ Une ou des commandes internes sont créées.

Les exceptions : Aucune.

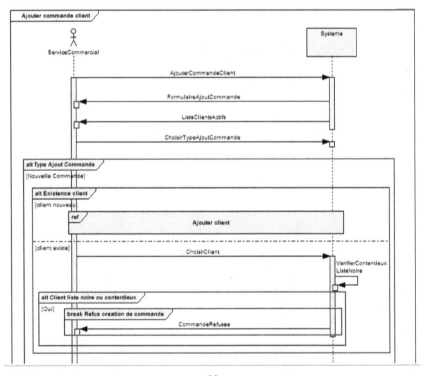

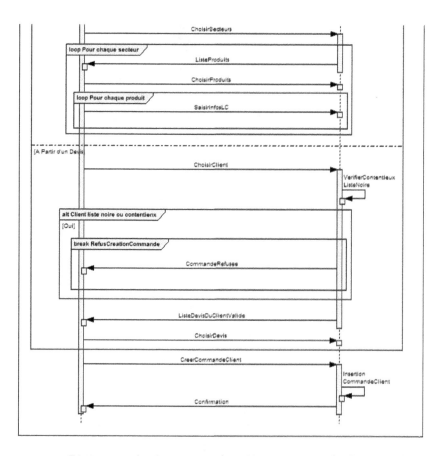

« Diagramme de séquence système Ajouter commande client »

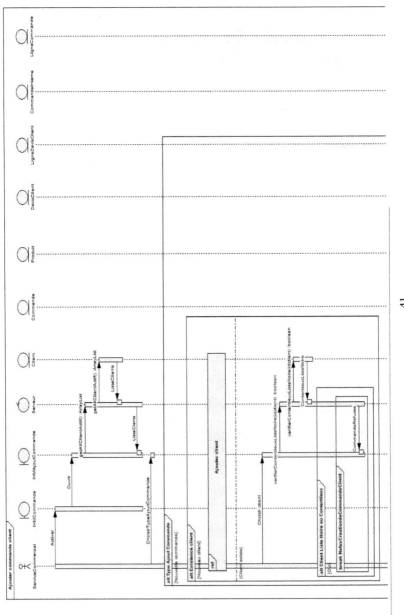

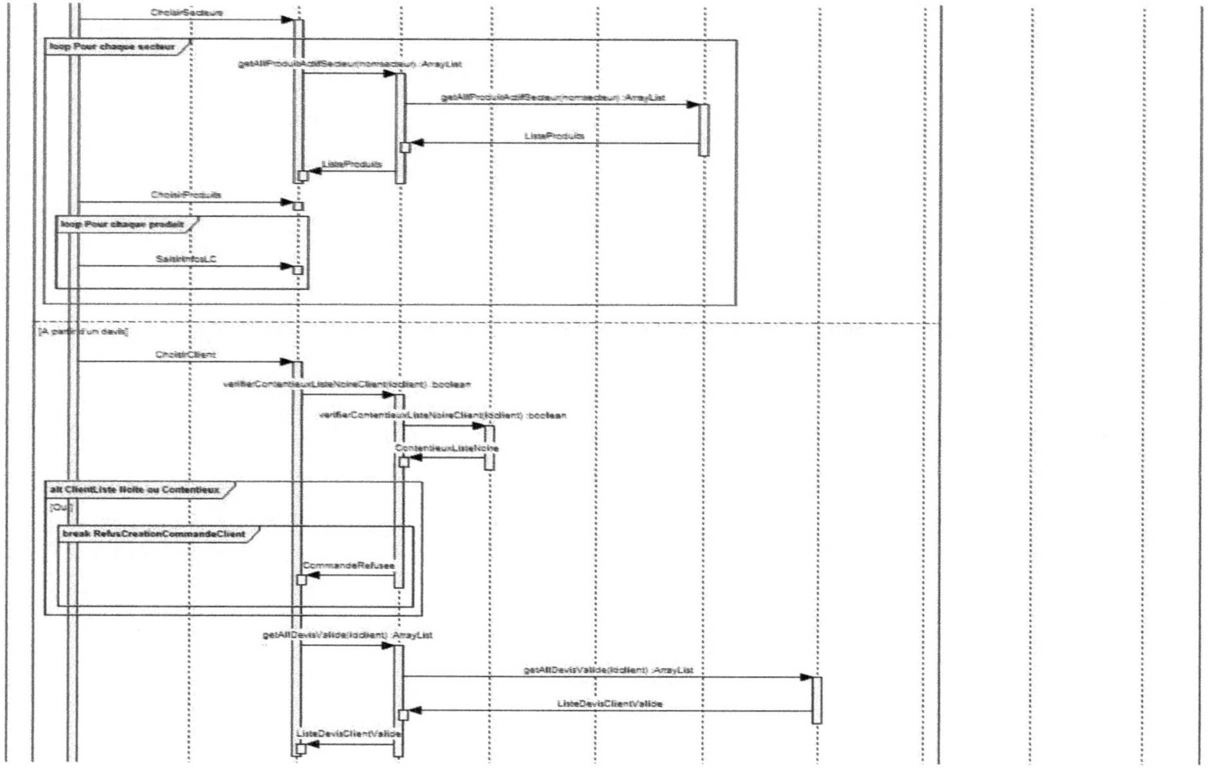

ChoisirSecteurs
loop Pour chaque secteur
getAllProduitActifSecteur(nomsecteur) :ArrayList
getAllProduitActifSecteur(nomsecteur) :ArrayList
ListeProduits
ListeProduits
ChoisirProduits
loop Pour chaque produit
SaisirInfosLC
[A partir d'un devis]
ChoisirClient
verifierContentieuxListeNoireClient(Idclient) :boolean
verifierContentieuxListeNoireClient(Idclient) :boolean
ContentieuxListeNoire
alt ClientListe Noire ou Contentieux
[Oui]
break RefusCreationCommandeClient
CommandeRefusee
getAllDevisValide(Idclient) :ArrayList
getAllDevisValide(Idclient) :ArrayList
ListeDevisClientValide
ListeDevisClientValide

« Diagramme de séquence 3 tiers Ajouter commande client »

Nom : Consulter commande client.
Responsabilité : Consulter une commande d'un client.
Référence : cas d'utilisation (gestion commande client).
Pré conditions:

    ✓ La commande doit exister.

Post conditions :

    ✓ Le détail de la commande est affiché.

Les exceptions : Aucune.

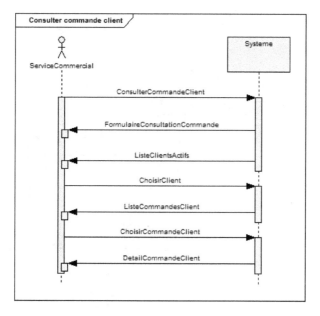

« Diagramme de séquence système Consulter commande client »

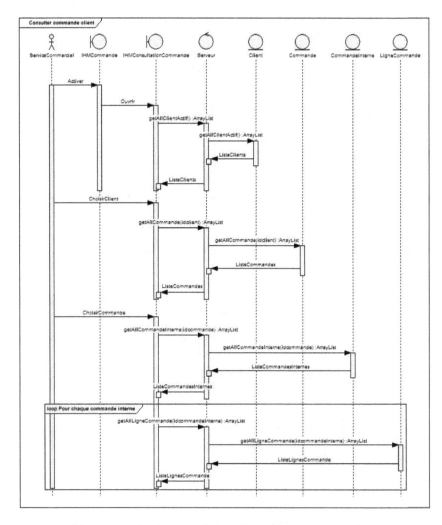

« Diagramme de séquence 3 tiers Consulter commande client »

Nom :   Modifier commande client.
Responsabilité : Modifier une commande d'un client.
Référence :   cas d'utilisation (gestion commande client).
Pré conditions:

  - ✓ La commande doit exister
  - ✓ La commande doit avoir un état « Début »

Post conditions :

  - ✓ La commande est modifiée.

Les exceptions : Aucune.

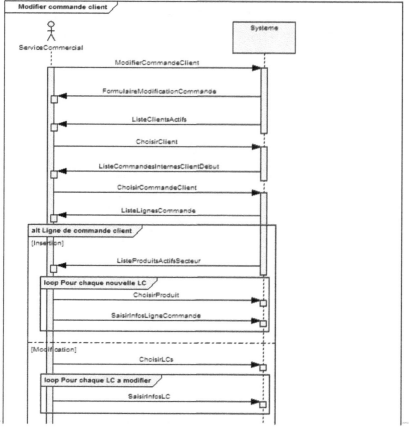

46

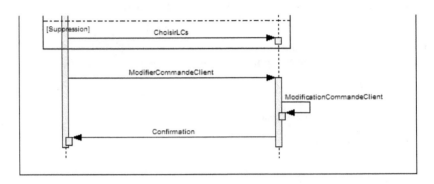

« Diagramme de séquence système Modifier commande client »

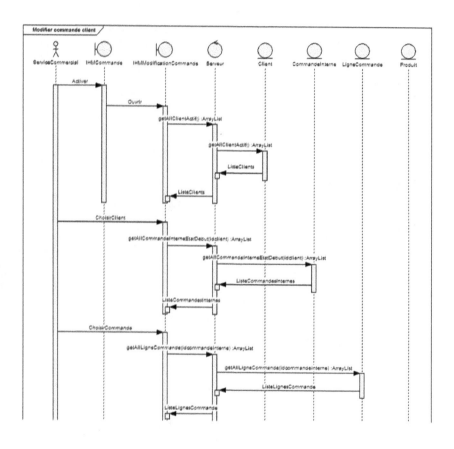

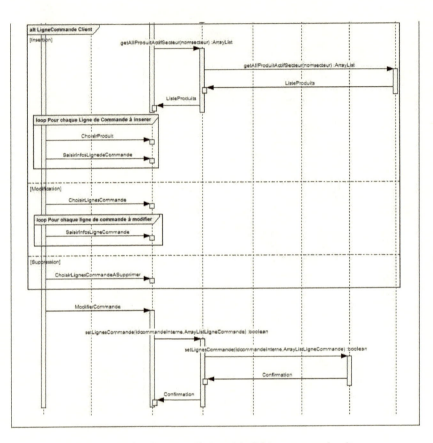

« Diagramme de séquence 3 tiers Modifier commande client »

Nom : Modifier état de commande client.
Responsabilité : Modifier état d'une commande d'un client.
Référence : cas d'utilisation (gestion commande client).
Pré conditions:

    ✓ La commande doit exister

Post conditions :

    ✓ L'état de la commande est modifié.

Les exceptions : Aucune.

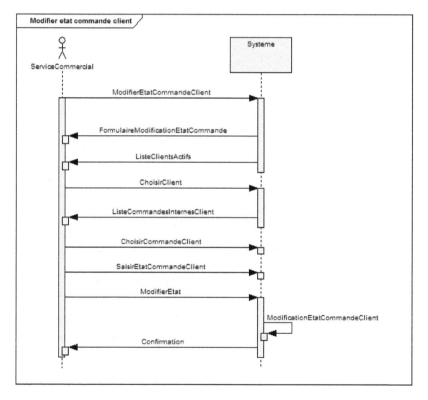

« Diagramme de séquence système Modifier état commande client »

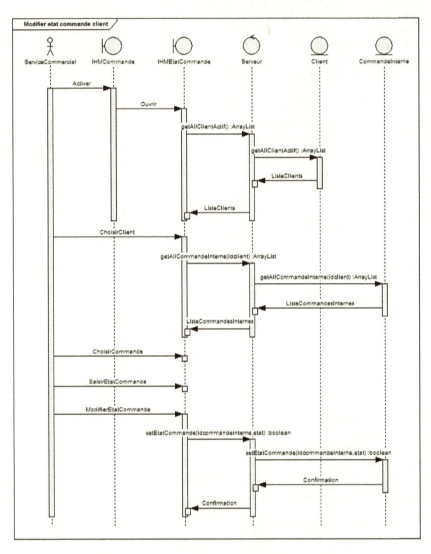

« Diagramme de séquence 3 tiers Modifier état commande client »

51

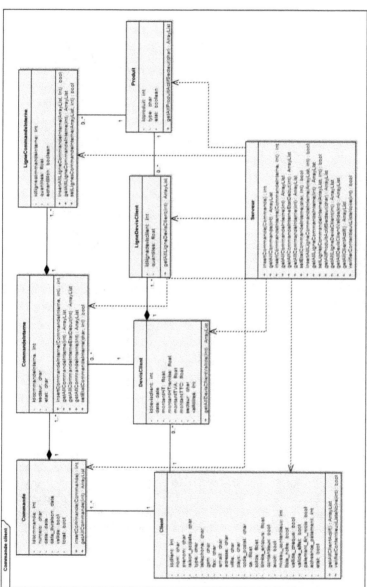

« Diagramme de classe gestion commande client »

52

INTRODUCTION

Pour la réalisation de l'application, nous avons comparé plusieurs outils pour trouver la combinaison adéquate afin d'arriver aux résultats souhaités.

VI.1 Outils :

Le choix des outils à utiliser a été comme suit :

Enterprise Architect est un outil visuel de génie logiciel assisté par ordinateur (CASE) s'appuyant sur le langage de modélisation UML (Unified Modeling Language). Il comporte toutes les fonctions nécessaires à la conception et au développement de systèmes logiciels orientés objets ainsi qu'à leur documentation et gestion.

Microsoft Office Visio 2007 vous permet de visualiser, d'analyser et de communiquer des informations, des systèmes et des processus complexes. Les diagrammes professionnels de Microsoft Office Visio 2007 vous permettent de mieux comprendre les systèmes et les processus et d'analyser les informations complexes pour ensuite prendre les décisions les mieux adaptées à votre activité.

Microsoft Office Project Professional 2007 comporte des outils de gestion de projet robustes disposant de la souplesse, de la puissance et de la facilité d'utilisation nécessaires pour vous permettre de gérer les projets plus efficacement. Il vous fournit les informations nécessaires pour contrôler le travail effectué, la planification des tâches et les finances et vous permet d'être constamment en mesure de donner des directives aux équipes pour respecter les impératifs du projet.

ASP.NET est un ensemble de technologies de programmation web créé par Microsoft. Les programmeurs peuvent utiliser ASP.NET pour créer des sites web dynamiques, des applications web ou des web services XML.
ASP.NET fait partie de la plateforme Microsoft .NET et est le successeur de la technologie Active Server Pages (ASP).

Conçu pour répondre aux besoins uniques du nouveau développeur Web, Visual Web Developer 2005 Express constitue un outil agréable, simple d'utilisation et facile à prendre en main pour créer des applications dynamiques. Visual Web Developer offre une zone de conception visuelle WYSIWYG puissante qui permet de créer vos applications Web. Il inclut tous les contrôles de mise en forme courants tels que la sélection, le choix de la taille et la mise en forme de polices, les puces et la numérotation, entre autres.

Conçu pour répondre aux besoins uniques du nouveau développeur d'applications de base de données, SQL Server Express Edition est un outil agréable, simple d'utilisation et facile à prendre en main pour créer des applications dynamiques.
L'obtention et l'utilisation de SQL Server Express est toujours gratuite. Si vous souhaitez créer et diffuser des applications, il existe également un programme de redistribution non soumis à redevance.

AJAX est une technologie pour construire des pages web dynamiques côté client. Les données sont échangées avec le serveur par des requêtes JavaScript, et le serveur effectue des traitements sur ces données. Le développement des applications AJAX est facilité par l'emploi d'un framework.

Telerik est une entreprise qui offre des composants pour l'interface utilisateur (UI) pour ASP.NET, Winforms et le reporting .NET. L'utilisation des composants de Telerik dans le développement d'interfaces permet l'obtention d'applications riche, une réponse et une interactivité inégalées. Les produits de Telerik servent comme support à des milliers de développeurs pour être plus productifs et fournir des applications fiables.

Microsoft Internet Information Services (IIS) est un ensemble de services internet pour serveurs utilisant Microsoft Windows. IIS est classé 2ème serveur web le plus utilisé à travers le monde, en septembre 2007 il a été utilisé sur 34.94% de tous les serveurs utilisés à travers le monde d'après les statistiques de Netcraft (qui rappelons le est une entreprise de monitoring et d'analyse internet). ISS inclut FTP, SMTP, NNTP, et HTTP/HTTPS.

VI.2 Architecture matérielle :

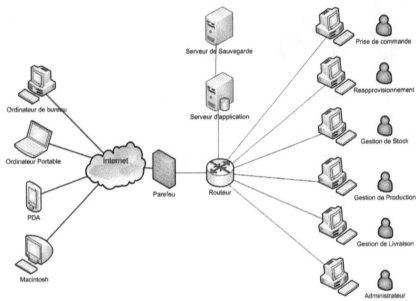

« Diagramme de l'architecture interne de Filas »

Ce diagramme définit l'architecture interne du réseau informatique. Tous les postes des différents services sont reliés au routeur principal et pourrons ainsi accéder à l'application en utilisant un navigateur (Internet Explorer, Firefox, Opera...). Un serveur de sauvegarde est là pour assurer des sauvegardes régulières de la base de données pour pouvoir restaurer suite à des problèmes avec la base.

On peut remarquer aussi les différentes plateformes utilisées par les clients en dehors du réseau local (Windows, macintosh, linux, Windows CE... etc.) ce qui ne limite pas l'utilisateur à un seul système d'exploitation.

VI.3 Architecture logicielle :

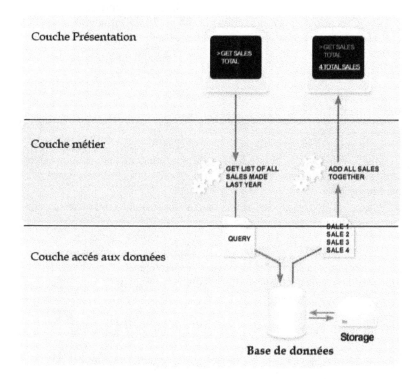

« Diagramme de l'architecture logique de l'application de Filas »

On a utilisé une architecture 3 tiers pour notre développement ,
l'architecture 3-tiers (de l'anglais tier signifiant étage ou niveau) est un
modèle logique d'architecture applicative qui vise à séparer très nettement
trois couches logicielles au sein d'une même application ou système, à
modéliser et présenter cette application comme un empilement de trois
couches, étages, niveaux ou strates dont le rôle est clairement défini .

✓ Couche Présentation (premier niveau) :

Elle correspond à la partie de l'application visible et interactive avec les utilisateurs. On parle d'Interface Homme Machine. En informatique, elle peut être réalisée par une application graphique ou textuelle. Elle peut aussi être représentée en HTML pour être exploitée par un navigateur Web ou en WML pour être utilisée par un téléphone portable.

✓ Couche Métier / Business (second niveau) :

Elle correspond à la partie fonctionnelle de l'application, celle qui implémente la « logique », et qui décrit les opérations que l'application opère sur les données en fonction des requêtes des utilisateurs, effectuées au travers de la couche présentation.
Les différentes règles de gestion et de contrôle du système sont mises en œuvre dans cette couche.
La couche métier offre des services applicatifs et métier à la couche présentation. Pour fournir ces services, elle s'appuie, le cas échéant, sur les données du système, accessibles au travers des services de la couche inférieure. En retour, elle renvoie à la couche présentation les résultats qu'elle a calculés.

✓ Couche Accès aux données (troisième niveau) :

Elle consiste en la partie gérant l'accès aux gisements de données du système. Ces données peuvent être propres au système, ou gérées par un autre système. La couche métier n'a pas à s'adapter à ces deux cas, ils sont transparents pour elle, et elle accède aux données de manière uniforme (couplage faible).

Les avantages de l'architecture 3-tiers sont principalement au nombre de quatre :

- Les requêtes clients vers le serveur sont d'une plus grande flexibilité que dans celles de l'architecture 2-tiers basées sur le langage SQL; en effet les appels clients ne spécifient que des paramètres et des structures de données pour les valeurs de retour.
- L'utilisateur n'est pas supposé connaître le langage SQL, qui ne sera pas implémenté dans la partie client qui ne s'occupe (rappelons le) que de fonctions d'affichage. De fait des modifications peuvent être faites au niveau du SGBD sans que cela impacte la couche client. Par ailleurs et bien que nous ayons mentionné le langage SQL au niveau des bases de données, on peut très bien envisager une organisation des données sans présupposition quant au langage lui même et à leur organisation (relationnelle, hiérarchique...). Cette flexibilité permet à une entreprise d'envisager dans le cadre d'une architecture 3-tiers une grande souplesse pour l'introduction de toutes nouvelles technologies.
- D'un point de vue développement, la séparation qui existe entre le client, le serveur et le SGBD permet une spécialisation des développeurs sur chaque tiers de l'architecture.
- Plus de flexibilité dans l'allocation des ressources; la portabilité du tiers serveur permet d'envisager une allocation et ou modification dynamique au gré des besoins évolutifs au sein d'une entreprise.

VI.4 Les captures d'écran:

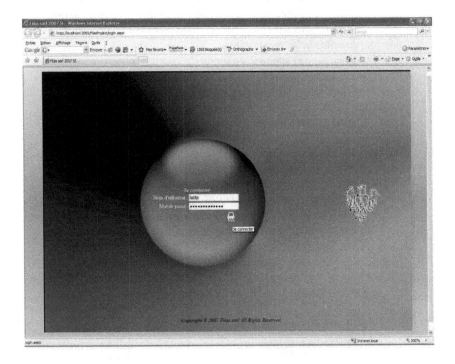

La première page visible à l'utilisateur est la page d'authentification, cette page utilise un contrôle d'accès basé sur les mots de passe et le filtrage

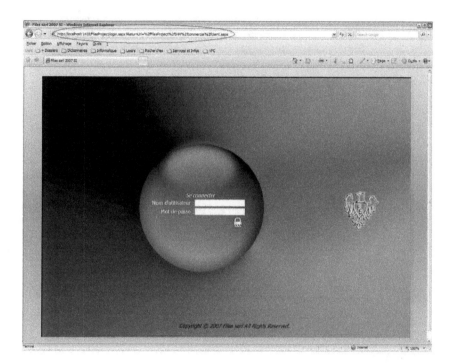

COMMENTAIRE

Le contrôle d'accès se fait aussi si un utilisateur essaye d'accéder à une page sans en avoir l'autorisation ou sans être logué (s'il essaye d'accéder à la page en tapant directement le chemin dans la barre d'adresses) d'adresses IP.

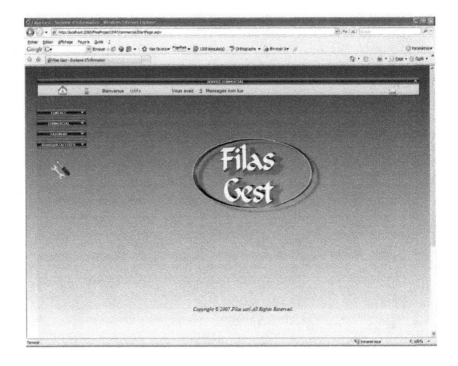

COMMENTAIRE

Cet écran présente la page principale après s'être logué, le système détecte automatiquement à quel service l'utilisateur est affecté grâce au système de ROLES, et nous permet d'afficher le service commercial pour cet utilisateur. Dans la barre en haut on voit s'afficher le nom d'utilisateur et le nombre de messages non lus, à gauche on trouve le menu que pourrait utiliser l'utilisateur ainsi que le panneau de configuration.

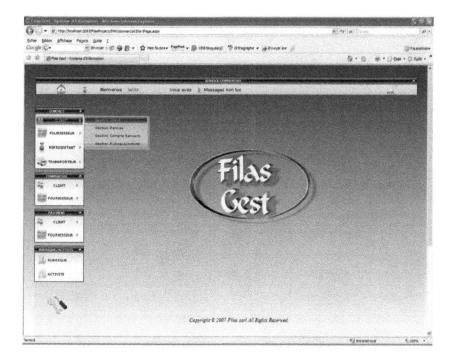

<u>COMMENTAIRE</u>

Cet écran nous donne une idée sur le menu à gauche qui est expansible et qui offre un menu User Friendly Interface pour une meilleure interaction avec l'utilisateur.

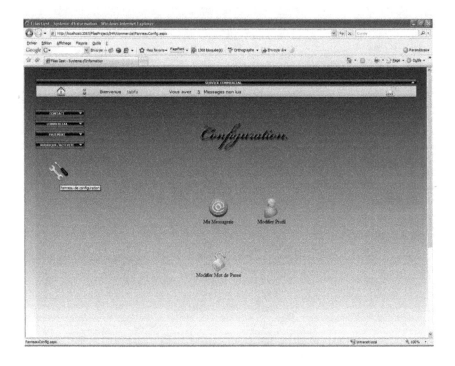

COMMENTAIRE

Cet écran est destiné à gérer son compte et sa messagerie sans l'aide d'un administrateur.

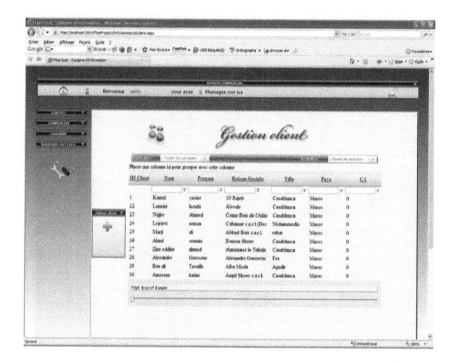

COMMENTAIRE

Après avoir cliqué sur « gestion client », l'interface s'affiche et permet à l'utilisateur sur la même page d'afficher, d'ajouter, de modifier, de supprimer et de filtrer grâce à la technologie Ajax et l'utilisation du Framework Telerik.

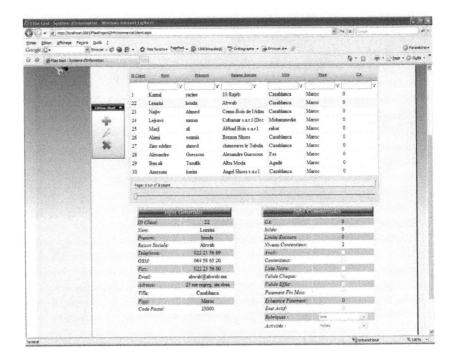

COMMENTAIRE

En cliquant sur un client, ses détails sont affichés directement en dessous de la liste des clients, on peut aussi se déplacer à travers les différentes pages affichées (par exemple si on a 100 clients on aura 10 pages de clients) en utilisant le slide fait à cet effet ce qui permet une souplesse de navigation à travers les différentes pages.

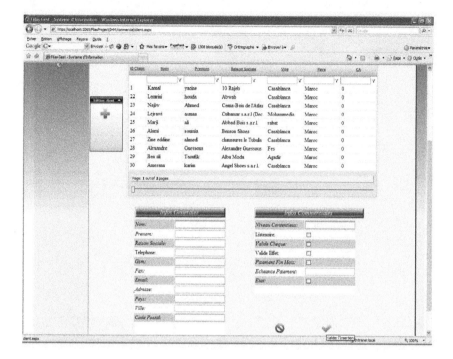

COMMENTAIRE

Cette interface permet de créer un nouveau client en choisissant les options nécessaire à cet effet, le contrôle de l'existence du client se fait à ce stade.

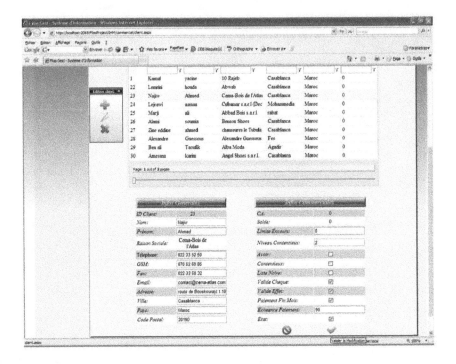

Cette interface permet de modifier les informations d'un client. Certains champs déclenchent des demandes d'autorisation pour le modification auprès de l'administration. Le contrôle des types est fait à ce stade comme la vérification du format de l'email, le numéro de téléphone doit être numérique…

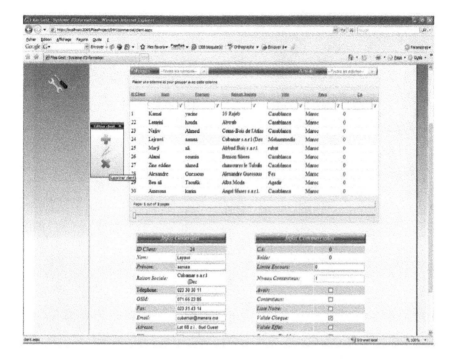

COMMENTAIRE

La suppression du client se fait en cliquant sur l'icône de suppression.

<u>COMMENTAIRE</u>

L'interface contient des possibilités de filtrage très avancés, on peut filtrer avec n'importe quel colonne avec différentes options (comme une colonne qui commence ou se termine ou contient une chaine de caractère, une colonne numérique qu'on veut comparer à une valeur…). Dans notre exemple on à filtré la colonne « Ville » en spécifiant la chaine « casa » ce qui nous a affiché tous les clients de « Casablanca ».

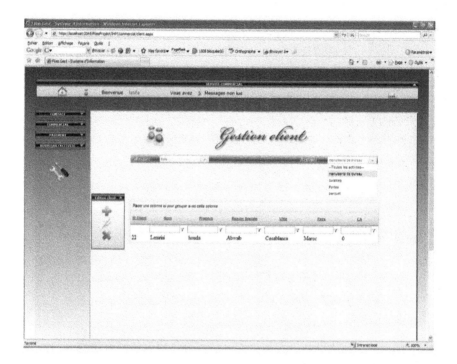

On peut filtrer aussi en se basant sur la rubrique et l'activité du client, par exemple sur cette capture, on affiche les clients qui font partie de la rubrique « bois » et de l'activité « menuiserie de bureau ».

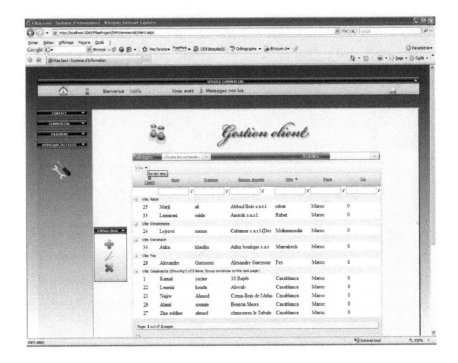

COMMENTAIRE

Cette capture nous montre la possibilité de groupage par colonne que nous présente cette interface. On a groupé en utilisant la colonne « ville » ce qui donne comme résultat des collections de clients par ville (Rabat, Mohammedia, Fès,... etc.). On a la possibilité aussi d'ordonner par ordre croissant ou décroissant les résultats affichés.

L'objectif qu'on s'est fixé pour notre projet est de concevoir et réaliser un système d'information complet intégrant les différentes fonctions de l'entreprise.

La période de stage passée au sein de la société Filas nous a permis d'approfondir nos connaissances en développement (notamment en .NET), de mettre en œuvre la méthode RUP et de découvrir de nouvelles possibilités que nous offrent les technologies avancées d'aujourd'hui.

Le contact avec les différents agents de la société nous a aidés à développer notre attitude à travailler en équipe et à comprendre le mécanisme de travail de l'entreprise.

Au cours du projet on s'est confronté à quelques problèmes, nous en citerons quelques un :

- Le manque de bonnes pratiques et le refus de quelques opérateurs du changement.
- L'absence de quelques agents à cause des périodes de congés.

Nous avons pu atteindre 60% des objectifs souhaités et cela est du au manque de temps et des problèmes rencontrés.

Cependant notre perspective est de rester à la disposition de la société Filas pour l'achèvement du projet en cours.

Acronyme	Signification
WBS	work breakdown structure
RUP	Rational Unified Process
UC	Use Case
UML	Unified Modelling Language
SGBD	Système de gestion de bases de données
IP	Internet Protocol
UP	Unified Process
ASP	Active Server Pages
XML	Extensible Markup Language
WYSIWYG	What You See Is What You Get
SQL	Structured Query Language
UI	User Interface
IIS	Internet Information Server
FTP	File Transfer Protocol
SMTP	Simple Mail Transfer Protocol
NNTP	Network News Transfer Protocol
HTTP	Hypertext Transfer Protocol
HTTPS	Hypertext Transfer Protocol Secured
WML	Wireless Markup Language

Site Internet :

- http://msdn.microsoft.com
Site web de Microsoft contenant l'aide nécessaire pour tout développeur utilisant les outils Microsoft.

- http://www.labo-dotnet.com
Le site web de l'école Française « Sup Info » regorgeant d'informations utiles pour le développement dotnet.

- http://www.asp.net
Site web de Microsoft traitant exclusivement de la technologie « ASP .NET » ce qui nous a beaucoup aidé vu la nature de notre projet et les mises à jour quotidiennes.

- http://www.developpez.com
Site web regroupant une immense communauté francophone de développeurs traitant toutes les technologies sur le marché, et contenant un forum d'aide très utile.

- http://www.telerik.com/
Site web contenant le Framework "Telerik" utilisé dans cadre de notre projet ainsi que toute la communauté d'aide utilisant ce Framework.

Documents :

- ***ASP .NET Unleashed By Stephen Walther***
Un livre en anglais très intéressant qui nous a aidé à débuter et à nous approfondir dans la technologie « ASP .NET »

- ***UML 2 Modéliser une application web By Pascal Roques***
Un livre français sur UML2 qui nous a beaucoup aidé dans notre étude d'analyse et de conception.